Design Grunz Wissen

Wolfgang Brenneisen

hat Bücher geschrieben und Ausstellungen gemacht.
Weitere Informationen unter:
https://de.wikipedia.org/wiki/Wolfgang_Brenneisen

Wolfgang Brenneisen

Design
Grunz
Wissen

© 2022 Wolfgang Brenneisen
Herstellung und Verlag:
BoD – Books on Demand, Norderstedt
ISBN 9783756229161

Inhalt

Inhalt

Linnemann & Pütz

Zum Thema Design gibt es eine unübersehbar große Zahl von gelehrten Büchern, in denen, sollte man meinen, alles Wesentliche und Unwesentliche gesagt ist. Zwar trifft das im Großen und Ganzen zu, aber es gibt doch zwei große Defizite. Zum einen bleiben die genialen Formfindungen der Vergangenheit (und damit sind nicht nur die letzten hundert Jahre gemeint) unberücksichtigt oder werden nur beiläufig erwähnt. Dabei gab es beachtliches Design schon in der älteren Steinzeit! Und wenn man Mutter Natur als Designerin begreift, dann müssen Milliarden von Jahren ins Visier genommen werden. Das andere erhebliche Defizit ist, was man als die Behäbigkeit oder Selbstzufriedenheit der Analytiker bezeichnen könnte. Alles Wesentliche sei schon erfunden und es gehe eigentlich nur noch um Varianten, liest man zwischen den Zeilen. Zu solch einer Einstellung muss man allerdings sagen: Da fehlt die inspirierende Zukunftsperspektive, der Drang zu radikal Neuem, der wagemutige Sprung in die Utopie!

Zum Glück bilden sich (das war schon immer so in der Menschheitsgeschichte) Kreativnester, in denen gedankliche Explosionen entweder angepeilt oder schon realisiert werden. Oft an Orten und von Menschen, denen man es nicht zutrauen würde. In unserem Fall ist es das Design-Büro Linnemann & Pütz. Linnemann ist zwar schon in einem Alter, in dem andere nur noch ihre Pension verzehren, ist aber geistig weiterhin aktiv – und wie! Design hat er nie studiert, er verfügt aber über einen untrüglichen Sinn für Form und Funktion, den er sich durch unermüdliche Lektüre und stets wache Beobachtung erworben hat. Zugleich lässt er sich durch keine sogenannten Experten ins Bockshorn jagen, er ist ein Querdenker im altehrwürdigen Sinn des Wortes. Summa summarum: Linnemann ist eine einzigartige Autorität mit einer charismatischen Ausstrahlung.

Der junge Pütz, Design-Student im vierten Semester, hatte von Linnemann gehört und ihn mit einem selbst entworfenen dreibeinigen Hocker aufgesucht, auf den er nicht wenig stolz war. Linnemann warf einen kurzen Blick auf das Objekt und sagte nur: „Scheißdreck." Da fiel es dem jungen Pütz wie Schuppen von den Augen, er hatte „Satori", wie die Japaner sagen, er erkannte die Vergeblichkeit seiner akademischen Bemühungen, schmiss sein Studium hin, verkrachte sich mit seinen Eltern und wollte nur noch von Linnemann lernen. Nach einigem Widerstreben zeigte sich dieser einverstanden, und von nun an gingen sie ihren Weg zusammen.

Ihre Arbeit erfolgt mehr theoretisch, das heißt, keine ihrer Ideen hat es bislang in die Produktion geschafft. Doch das will nichts heißen. Man denke nur daran, wie die großen Ideen des Designers Jules Verne erst viel später Gestalt annahmen. Desungeachtet müssen auch Linnemann und Pütz finanziell irgendwie über die Runden kommen. Also lässt Pütz seinen Hocker von ein paar Heimwerkern im Dorf verfertigen, und die Dinger mit der Produktbezeichnung LP3 verkaufen sich wie die warmen Semmeln. In diesem Fall sieht Linnemann die Dinge nicht so eng, einmal knurrte er: „Non olet."

So sind Linnemann und Pütz nicht nur mit ihrer Leidenschaft für gutes Design vorbildlich, sondern auch mit ihrer klugen Verbindung von Idealismus und Pragmatismus.

Schreibmaschine I

Ideenskizze aus einem ägyptischen Design-Büro des Alten Reiches 2100 B.C

Tisch I

*Das Potenzial des Tisches
wurde noch nicht ausgeschöpft.*

Herrenmode

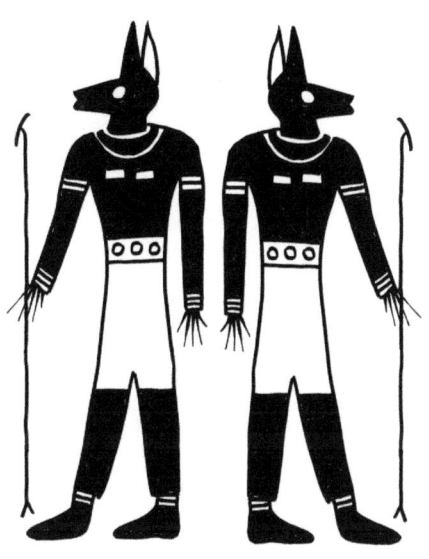

Anubis-Boxershorts
Baumwolle 100 % aus Fairtrade

Automobil I

Design-Büro Altamira
15000 B.C.

Produktentwicklung

Erster Ausdruck
eines Prototyps

Der Anfang

Jungdesigner
bei der ersten Fixierung einer Vision

Less is more

Mies van der Rohe

Rad

Die Erfindung des Rades
(missglückter Versuch)

Damenmode

Eine Hutidee von Pablo Picasso,
behutsam modernisiert
und den heutigen Bedürfnissen angepasst

Schreibmaschine II

*Designer
von seinem Genius überwältigt*

Grundlagenforschung

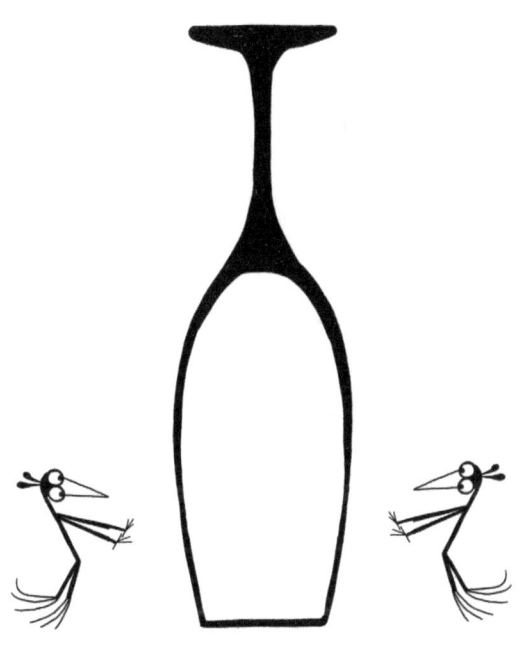

Vielversprechende Formgebung
Anwendung noch unklar

Textildesign

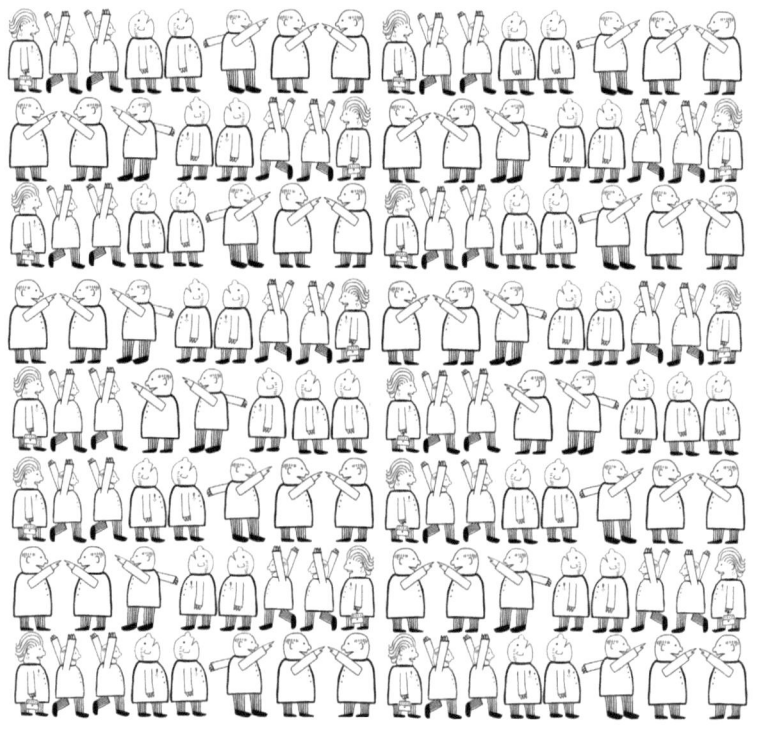

Preisgekrönter moderner Entwurf

Pyramide

Prototyp einer ägyptischen Pyramide
(Produktlinie wurde nicht weiterverfolgt)

Leuchte I

Fledermauslampe
Designbüro Mutter & Natur

Damenhandtasche

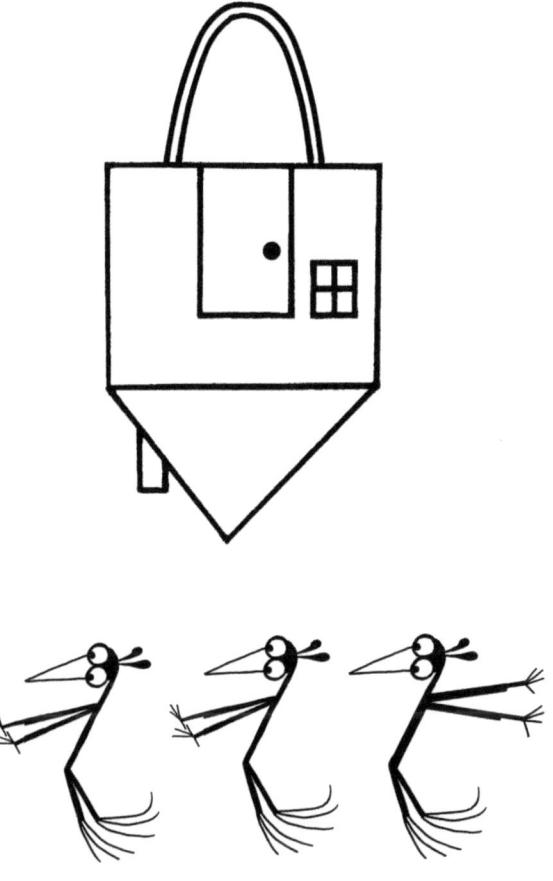

Memphis Design

Sackgasse

Designer
mit einem ungelösten Problem

Hi Tech Boomerang

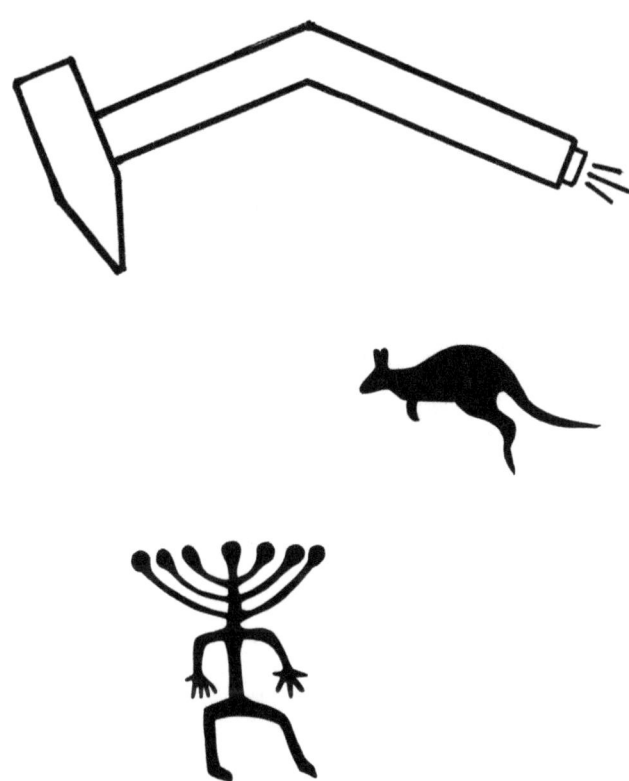

Uluru Design Bureau

Less is a bore

Robert Venturi

Beistelltischchen

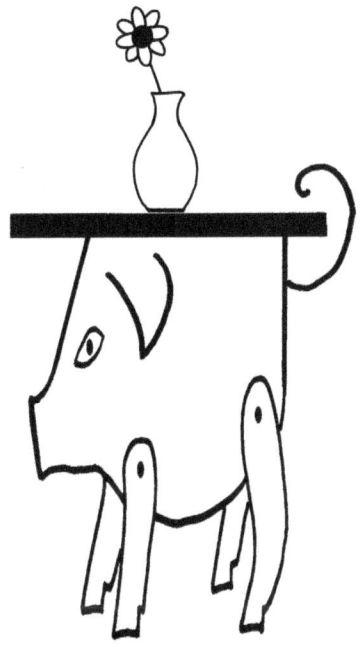

Design-Büro Mutter & Natur

Ohrschmuck

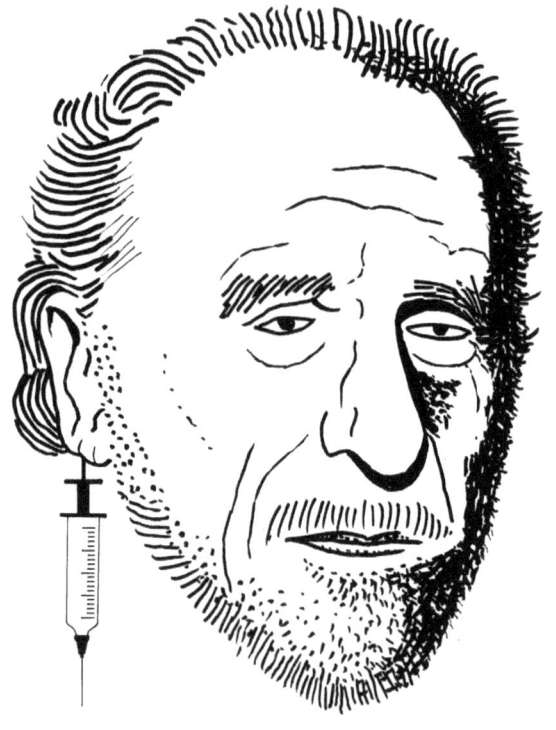

Akutes Modell

Schreibmaschine III

Designer
mit einer großartigen,
aber noch unfertigen Idee

Elementares Design

Designer
überrascht von der Größe
seiner Erfindung

Fluggerät

Entwurf unter Berücksichtigung
aerodynamischer Vorgaben

Pyramide II

Intelligente Nutzung
von Hoch- und Tiefbau
im alten Ägypten

Mode-Design

Das kleine Weiße
Zeitlos-klassischer Stil

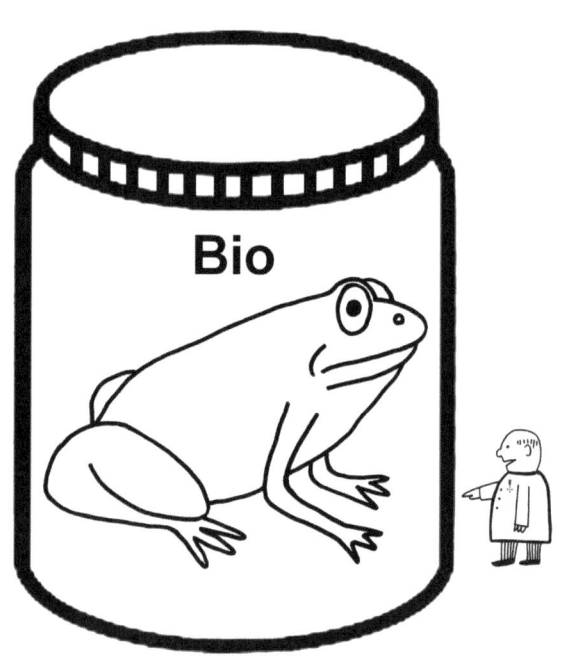

*Prämiertes Design
für artgerechte Tierhaltung*

Grundsatz

form follows function

Stuhl

Der zweibeinige Stuhl:
ein Meisterwerk
der menschlichen Erfindungskraft

Schreibmaschine III

Die digitale Schreibmaschine:
eine geniale Verbindung von
zwei fundamentalen Technologien

Kroko-Handtasche

Ausgestorbenes Modell

Besteck

Designbüro Neandertal
50000 B.C.

Tisch II

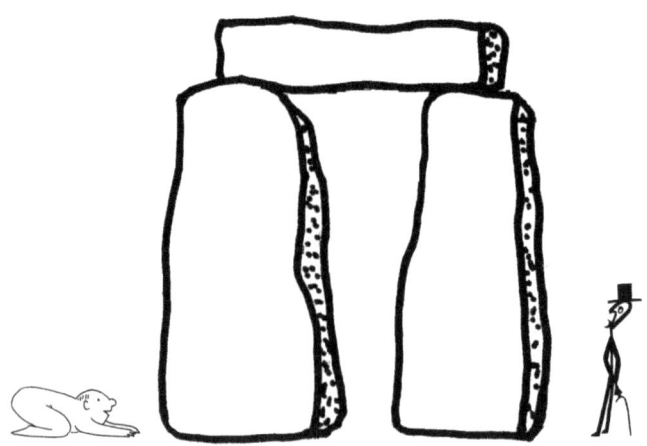

Rustikales Design
aus dem Neolithikum 4000 B.C.

Grundform

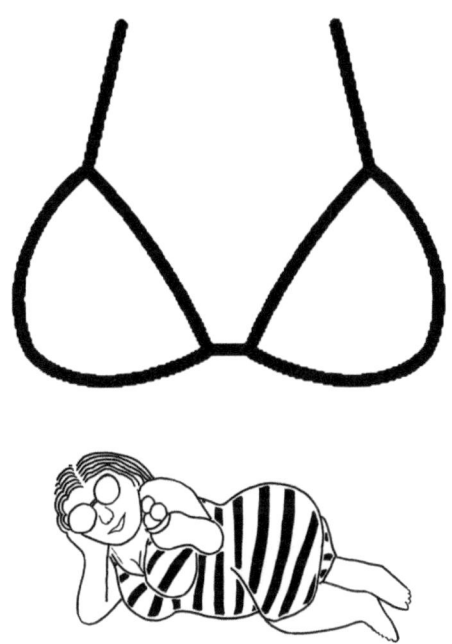

Interessante Grundform
Vielfältige Anwendungsmöglichkeiten

Fisherman's Laptop

Virtueller Fischfang
(armchair fishing)

Herrenmode

Die neue Herbstkollektion von
Calvin Ralph Hilfiger

Rekamiere

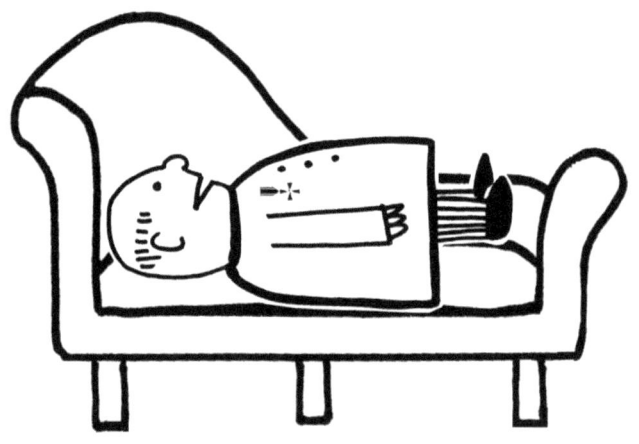

Der Praxistest -
ein banger Moment
im Leben eines Designers

Autofelge

Florales, nachwachsendes,
umweltschonendes Modell

Briefbeschwerer

Maritimes Modell
Gusseisen, 12 Kilogramm

Tiny House

Haithabu Design Bureau
1000 A.D.

Männliche Kopfbedeckung

Haithabu Design Bureau
1000 A.D.

Rasierapparat

*Modell im Retrolook
mit Laser-Scherelementen*

Leuchte II

*Frühe, klassische, immer noch
unübertroffene Modelle*

Casual Wear

Designer-Vogelscheuche aus
100%ig recyceltem Material

Design & Art

*Elevate your interior
with contemporary art.*

Schalter

Designbüro Mutter & Natur

Katzenliege

*Für unsere lieben Vierbeiner
erfinden wir alles.*

Damenschuhe

La nuova collezione primaverile

Automobil II

Wasserstoffbetriebenes,
straßenunabhängiges Kriechauto

Senioren-Skateboard

*Für Abenteuer
ist es nie zu spät!*

form
follows
function

Drei alkoholisierte
Designer-Flaschen

Tisch III

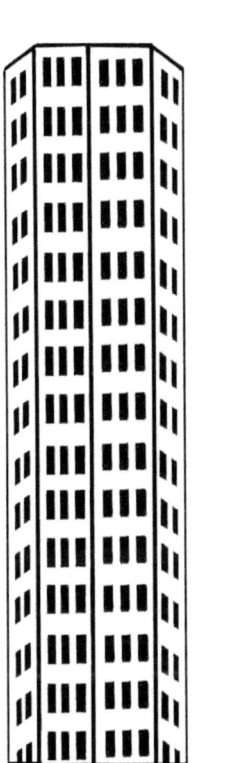

Think big!

Heißluftballon

Retrodesign

Edler Wettstreit

Frog Design vs. Goose Design

edition imme

Wolfgang Brenneisen
Architektur Grunz Wissen
Books on Demand, Norderstedt
ISBN 9783755798880

Wolfgang Brenneisen
Fußball iss ganz schön scheiße
Books on Demand, Norderstedt
ISBN 9783755759881

Wolfgang Brenneisen
24 schöne Postkarten für alle Gelegenheiten
Books on Demand, Norderstedt
ISBN 9783755741435

Wolfgang Brenneisen
Tütland
Books on Demand, Norderstedt
ISBN 783755740391